AF509873

CATALOGUE
DES LIVRES
DE FEU
LE C. LUCIA,
LIBRAIRE,

DONT la Vente se fera au comptant, le 22 Ventôse, l'an troisième de la République Française et jours suivans, 4 heures de relevée, en sa Boutique, Place des Victoires Nationales, au coin de la rue ci-devant Croix-des-Petits-Champs.

A PARIS,

Chez les Cit. { LE BOUCHER, Libraire, rue Honoré, près Roch, N°. 1453.
DROIN, Huissier près les Tribunaux, rue des Déchargeurs, N°. 546.

L'an troisième de la République française.

ORDRE DES VACATIONS.

Duodi 22 *Ventôse. les* N°⁵ 1 à 81.

Tridi 23, 82 à 165.

Quartidi 24, 166 à 248.

Quintidi 25, 249 à 332.

Sextidi 26, 333 à 415.

Septidi 27, 416 à 500.

Octidi 28, 501 à 585.

Nonidi 29, les articles sous-lignées, fin du catalogue, sans numéros.

CATALOGUE
DES LIVRES
DE

FEU LE C. LUCIA, LIBRAIRE,

Dont la Vente se fera au comptant, le 21 Ventôse, l'an troisième de la République française & jours suivans, 4 heures de relevée, en sa Boutique, place des Victoires Nationales, au coin de la rue ci-devant Croix-des-Petits-Champs.

1 Grammaire de Restaut, *Paris*, 1789, in-12. *bas.*
2 Les Chef-d'Œuvres de Pope, *Paris*, 1788, in-12. *p. p. v. ccc. d. s. t.*
3 Cicéron de la Vieillesse et de l'Amitié, &c. par Barrett, *Paris*, 1776, in-12. *baz.*
4 Histoire de Sobieski, par Coyer, *Paris*, 1761, 3 vol. in-12. *v. m.*
5 Variations de la Monarchie Française, par Gautier de Sibert, 1765, 4 vol. in-12. *v. m.*
6 Œuvres de Chaulieu, *la Haye*, 1777, 2 vol. in-12. *p. p. v. ccc. d. s. t.*

A

7 Quintilien , trad. par Gedoyn , *Paris* , 1752 , 4 vol. in-12. *v. m.*

8 Les Nuits d'Young , trad. par le Tourneur, mises en vers Français, par Hardouin, *Paris*, Didot l'aîné, 1792. *p. p. vel.* 4 vol. in-12. *b.*

9 Histoire de Charles-Quint , par Robertson , trad. de l'Anglais, *Paris*, 1771 , 6 vol. in-12. *v. m.*

10 Histoire du Triumvirat , par Larrey , *Amst.* , 1715 , 3 vol. in-12. *v. b.*

11 Usage et Mœurs des Français, par Poullin de Lumina, *Paris*, 1769 , 2 vol. in-12. *v. m.*

12 Histoire de François I. , par Gaillard , *Paris* , 1766 et suivans, 6 vol. in-12. *v. m.*

13 Mémoires Historiques et Littéraires, par Amelot de la Houssaye, *Amst.*, 1722, 2 vol. in-12. *v. f.*

14 Lucien, par d'Ablancourt, *Paris*, 1688 , 3 vol. in-12. *v. m.*

15 Mémoires de Berwick , *Londres* , 1758 , 2 vol. in-12. *v. m.*

16 Histoire de la République de Génes, 1697 , 3 vol. in-12. *v. m.*

17 Histoire de l'Amérique, par Robertson, *Maëstricht*, 1778 , 4 vol. in-12. *v. m.*

18 La Vie d'Olivier Cromwel , par Leti, *Amst.*, 1744, 2 vol. in-12. *v. m.*

19 Histoire de Dannemarck , par Mallet , *Paris* , 1787 , 9 vol. in-12. *bas. m.*

20 Vie du Dauphin, père de Louis XV, par Proyart, *Paris*, 1782, 2 vol. in-12. *v. m.*

21 Vie de Faublas, *Paris*, 1791, 11 parties br., in-12. *p. p.*

22 Œuvres de Crebillon, *Paris*, 1754, 3 vol. in-12. *p. p. v. m.*

23 Œuvres de Deshoulières, *Londres*, 1780, in-12. *p. p. v. m. d. s. t.*

24 Sagesse de Charron, *Londres*, 1789, 2 vol. in-12. *p. p. v. ecc. d. s. t.*

25 Dissertations sur la Mythologie Française, par Bullet, in-12. *v. m.*

26 Théâtre de Saint-Foix, *Paris*, 1762, 4 vol. in-12. *v. m.*

27 Poësies de du Cerceau, *Amst.*, 1751, 2 vol. vol. in-12. *v. f. d. s. t.*

28 Mémoires de Martin et Guillaume du Bellais-Langei, par Lambert, *Paris*, 1753, 6 vol. in-12. *v. m.*

29 Dissertation Historique, par Deguasco, *Tournay*, 1756, 2 vol. in-12. *v. m. f.*

30 Histoire de Louis XIII, par de Bury, *Paris*, 1768, 4 vol. in-12. *v. m.*

31 Anecdotes de la Cour de Philippe Auguste, par Mlle de Lussan, *Paris*, 1738, 6 vol. in-12. *v. m.*

32 Mémoires de Villars, *la Haye*, 1758, 3 vol. in-12. *v. m.*

33 Voyages en Guinée , par Isert , trad. de l'Allemar.d , *Paris* , 1793 , in 8. *fig. v. ecc. f.*

34 Relation des Isles Pelew de Keate , trad. de l'Anglais , *Paris* . 1793 , fig. 2 vol. in-8. *v. ecc. f.*

35 Œuvres de Hume , trad. de l'Anglais , *Londres* , 1788 , 7 vol. in-8. *v. ecc. f.*

36 Lettres d'Ossat , deux Registres réglés , l'un de quatre mains et l'autre de deux.

37 Le Bonheur , Poëme , par Helvétius , *Londres* , 1772 , in-8. *v. m.*

38 Œuvres Badines et Morales , *Paris* , 1776 , 2 vol. in-8. *basan.*

39 Eloge de Corneille , Eloge de l'Hopital , Caractères de Théophraste , Origine des Biens Ecclésiastiques , de la Chûte des Anciennes Républiques , trad. par Cantwel , en tout 5 vol. in-8. *b.*

40 Annales du Règne de Marie Thérèse , par Fromageot , *Paris* , 1775 , in-8. *v. m.*

41 Dictionnaire Français et Hollandais , et Hollandais et Français , par Winkelman , *Autrecht* , 1783 , in-8. *v. m.*

42 Essais de Michel de Montaigne , *Paris* , Bastien , 1793 , 3 vol. in-8. , *v. ecc. f.*

43 Cours de Tactique , par Maizeroy , avec supplément , 2 vol. in-8.

44 Mémoires de Commines , *Bruxelles* , 1706 , 4 vol. in-8. *v. f.*

45 Voyage en Allemagne , de Risbeck , *Paris* , 1793 , avec cartes et gravures. 3 vol. in-8. *bz. ecc.*

46 Tableau de Paris, par Mercier, *Amst.*, 1783 , 8 vol. in-8. *v. m.*

47 Abrégé Chronologique de l'Histoire de France, par Henault, *Paris*, 1775 . supplément 1788 , 5 vol. in-8. *v. ecc. f.*

48 Mémoires Critiques d'Antiquités Militaires , par Guischard , *Paris* , 1774, 4 vol. in-8. *fig. v. m.*

49 Cours de Mathématique , par Bezout, *Paris*, 1790 , 2 vol. in-8. *br.*

50 Satyres de Juvenal, par Dufaulx, *Paris*, 1782 , in-8. *bz. m.*

51 Œuvres Posthumes de Fréderic II , Roi de Prusse , *Berlin*, 1788 , 15 vol. in-8. *g. p. v. f. f.*

52 Bibliographie Instructive , par de Bure , suivie du Catalogue de la Bibliothèque de Gaignat , 9 vol in-8. *v. de Rus.* Catalogue de la Vallière , 3 vol. in-8. *br.*

53 Œuvres de Marivaux , *Paris* , 1781, 12 vol. in-8. *v. ecc. f.*

54 Histoire du Peuple de Dieu , par Berruyer, *Paris*, 1728 , 7 vol. in-4. rel. en 11. *v. m.*

55 Œuvres de d'Aguesseau , *Paris* , 1759 , et ann. suiv. , 12 vol. in-4. *v. m.*

56 Astronomie Ancienne et Moderne , par Bailly , *Paris*, 3 vol. in-4. *v. m.*

57 Maison Rustique ou Economie Générale , par Liger , *Paris* , 1777 , 2 vol. in-4. *bz.*

58 De l'Exploitation des Bois, par Duhamel , *Paris*, 1764 , in-4. *t. d. bz.*   A 3

59 Relation Historique d'Abissinie de Lobo , trad. par le Grand, *Paris* , 1728 , in-4. avec cartes. *v. m.*

60 Histoire de la République Romaine de Salluste, par de Brosses , *Dijon*, 1777 , 3 vol. in-4. *fig. baq. ecc.*

61 Les Six Nouvelles , par Florian , in-12. *p. p. v. m. d. s. t.*

62 Voyage d'Anacharsis , 7 vol. in-8. et Atlas, sur l'édit de Paris , *broch.*

63 Histoire Ancienne , par Rollin , *Paris* , 1748 , 14 vol. in-12. *v. m.* — Traité des Etudes , par le même, 4 vol. in-12. *v. m.*

64 Le Journal de Henri III , par de l'Etoile, *la Haye* , 1744, 5 vol. in-8. — Mémoires de Henri IV , *la Haye*, 1741 , 4 vol. in-8., en tout 9 vol. *v. m.*

65 Dictionnaire d'Histoire Naturelle , par Valmont-Bomare , *Lyon* , 1791 , 15 vol. in-8. *bq. m.*

66 Œuvres de J. J. Rousseau , *Genève* , 1782 , 33 vol. in-12. *bq.*

67 Dictionnaire de la Bible de Dom Calmet, *Paris*, 1730, 4 vol. in-f. *v. m.*

98 Dictionnaire de Commerce , par Savari , *Paris* , 1741 , 3 vol. in-f. *v. m.*

69 Dionisii Alexandrini de situ orbis Libellus , in-4. *v. m.*

70 Pervigilium Veneris , *Hagæ* , 1712 , in-8. *v. m.*

71 T. Livii Patavini Historiarum ab urbe Condita ,

(7)

Libri qui supersunt ; Miss. Codicum Collatione recogniti, Annotationib. Illustrati, *Oxonii*, 1708, 6 vol. in-8. *v. f.*

72 Sulpitii Severi opera Omnia , apud Elzevirios, 1665 , in-8. *v. m.*

73 Ciceronis Epistolæ , Notis Quartier , *Parisiis* , 1685 , in-4. *v. m.*

74 L'Art de vérifier les Dates , *Paris*, 1770 , in-f. *v. ecc. f.*

75 Smiths, Wealth of Nations, *London* , 1784 , 3 in-8. *v. f.*

76 Teatro Italiano , *Venezia* , 1746 , 3 vol. in-8. *v. m.*

77 Zend-Avesta , ouvrage de Zoroastre , trad. par Anquetil , *Paris*, 1771 , 3 vol. in-4. *fig. v. ecc. f.*

78 Gibbon's Roman Empire , *London*, 1782 , 3 vol. in-4. *v. a. f.*

79 Voyages de Pallas , trad. de l'Allemand , par Gauthier , *Paris*, 1788, 5 vol. in-4. et Atlas. *v.*

80 Histoire Naturelle de Pline , trad. en Français, avec le texte latin et notes critiques , *Paris*, 1771 , 12 vol. in-4. *v. m.*

81 Fables de la Fontaine , *Paris*, 1735 , fig. d'Oudry, 4 vol. in-f. *v. ecc. f.*

82 Histoire de Charles VII, *Paris*, 1754 , 2 vol. in-12. *v. m.*

83 Bibliothèque Militaire , *Paris* , 1760 , 3 vol. in-12. *v. m.*

84 Discours sur l'Art de négocier, par Pecquet, *Paris*, 1737, in-12. *bz. m.*

85 De la Manière de Négocier avec les Souverains, par Callieres, *Londres*, 1750, 2 vol. in-12. *bz.*

86 Vie de Richelieu, par le Clerc, *Amst.*, 1753, 5 vol. in-12. *m. v.*

87 La Génération de l'Homme, par Venette, *Londres*, 1785, 2 vol. in-12. *bz.*

88 Dictionnaire d'Antiquité, par Monchablon, *Paris*, 1760, in-12. *bz. p. p.*

89 Cicéron de la Vieillesse et de l'Amitié, &c. par Barrett, *Paris*, 1776, in-12. *bz.*

90 Les Fastes ou les Usages de l'Année, poëme, par le Mierre, *Paris*, 1779, in-8. *v. m.*

91 Télémaque de Fénélon, et Telémaque, poëme, par Hardonin, *Paris*, Didot l'aîné, 1792, *p. p.* 5 vol. in-12 *b.*

92 Les Offices de Cicéron, par Barrett, *Paris*, 1776, in-12. *baz.*

93 Histoire de Condé, par Désormeaux, *Paris*, 1768, 4 vol. in-12. *v. m.*

94 Les Livres Classiques de l'Empire de la Chine, par le père Noël, *Paris*, de Bure et Barois, 1784, 7 vol. in-12. *p. p. v. m.*

95 Histoire de Louis XI, par Mlle. de Lussan, *Paris*, 1755, 9 vol. in-12. *v. m. f.*

96 Discours de Machiavel sur les Decades de Tite Live, *Amst.*, 1692, 2 vol. in-12. *v. m.*

97 Mélange d'Histoire Naturelle, Morale, Civile
et Politique de l'Asie, *Paris*, 1763, 5 vol.
in-12. *v. m.*

98 Abrégé de l'Histoire de France, par Daniel,
Paris, 1751, 12 vol. in-12. *v. m f.*

99 L'Art de bien parler Français, par de la Touche,
Amst., 1760, 2 vol. in-12. *v. m.*

100 Vie Privée de Louis XV, *Londres*, 1781, 4
vol. in-12. *c. d. bz.*

101 Histoire d'Herodien, trad. par Mongault, *Paris*,
1700, in-12. *v. ecc. f. d. s. t.*

102 Ebauche de la Religion Naturelle, par Wol-
laston, trad. de l'Anglais, *la Haye*, 1739, 3
vol. in-12. *v. m.*

103 Histoire Militaire de Charles XII, par Ade-
lerfeld, *Paris*, 1741, 3 vol. in-12. *v. m.*

104 La Vie de Philippe II, Roi d'Espagne, par
Leti, *Amst.*, 1734, 6 vol. in-12. *v. f. f.*

105 Histoire de Grece, trad. de l'Anglais, de Temple, *Paris*, 1743, 3 vol. in-12. *v. f.*

106 Abrégé Chronologique de l'Histoire de France,
par Mezeray, *Amst*, 1706, 7 vol. in-12. *v. b.*

107 Emilie de Varmont, par l'auteur de Faublas,
Paris, 1791, 4 parties in-12. *p. p. bz.*

108 L'Isle Inconnue ou Mémoires de Gastines, par
Grivel, *Paris*, 1783, 6 vol. in-12. *v ecc.*

109 Félicia ou mes Fredaines, 2 vol. in-12. *v. m.*

110 Œuvres de J. B. Rousseau, *Londres*, 1749,
4 vol. in-12. *p. p. v. m,*   B

111 Les Jardins , par de Lille, *Paris*, 1781, in-12.
p. p. v. ecc. f. d. s. t.

112 Œuvres de Bernard, in-12. p. p. v. ecc. d. s. t.

113 Œuvres de Crebillon , *Londres*, 1785, 3 vol. in-12, v. ecc, d. s. t.

114 Vues Philosophiques, par de Premontval, *Berlin*, 1761, 2 vol. in 12. v. f. f. d. s. t.

115 L'Observateur Anglais, *Londres*, 1777, 10 vol. in-12. baz. m.

116 Œuvres de du Fresny , *Paris*. 1747, 4 vol. in-12. v. m.

117 Droits de la Nature et des Gens de Wolff, par Formey, *Amst.*, 1758, 3 vol. in-12. v. m.

118 Annales Galantes de la Cour de Henri II, par Mlle de Lussan , *Amst.*, 1749, 2 vol. in-12. v. m.

119 Vie de Philippe d'Orléans , *Londres*, 1736, 2 vol. in-12. v. b.

120 Histoire de Charles VI , par la Lande, *la Haye*, 1743, 6 vol. in-12. v. m.

121 Opérations de Change , par Ruelle , *Lyon*, 1775, in-8. bz. m.

122 Relation des Isles Pelew de Keate , trad. de l'Anglais, *Paris*, 1793, avec fig. 2 vol. in-8.

123 Histoire d'Eléonor de Guyenne, *Paris*, Cussac, 1788, 8 vol. in-8. bz f.

124 Œuvres de Hume , trad. de l'Anglais , *Londres*, 1788, 7 vol. in-8. v.

125 Œuvres de Fontenelle , *Paris* , Bastien, 1790, 8 vol. in-8. *v. ecc. f.*

126 Dictionnaire Français et Hollandais , et Hollandais et Français , par Winkelman , *Utrecht* , 1783 , in-8. *v. m.*

127 Œuvres de Regnard , *Paris* , Maradan, 1790 , 4 vol. in-8. *fig. p. f. v. m. f. d. s. t.*

128 Histoire du Cardinal Ximenés , *Paris* , 1693, in-4. *v. m.*

129 Le Faux Pierre III , *Londres* , 1775 , in-8. *v. m.*

130 The History of the Queen by Swift, *London* , 1758 , in-8. *v. m.*

131 Don Quixote , nueva Edicion corregida par la Réal , *Madrid* , 1782 , fig. de Muntaner , 4 vol. in-8. *m. r. dent.*

132 Rhetores Selecti , *Oxonii* , 1676 , in-8. *v. m.*

133 Valerius Maximus cum Selectis Variorum , *Lugduni* , 1655 , in-8. *v. m.*

134 Catulli , Tibulli et Propertii opera, Typis Baskerville , 1772 , in-8. *v. ecc. d. s. t.*

135 Voyage en Pologne , Russie , Suède , &c. par Coxe, trad. de l'Anglais , par Mallet, *Genéve* , 1786 , 4 vol. in-8. *fig. & . cart. v. m.*

136 Voyage du Monde , par de Pagés , *Paris* , 1782, 2 vol. in-8. *v. m.*

137 Caractères de la Bruyère , *Paris* , Bastien , 1790, 2 vol. in-8. *b.*

138 Principes du Droit Politique et Naturel , &c.

par Burlamaqui, *Yverdon*, 1766, 8 vol. in-8. *v. m.*

139 Dictionnaire Français et Latin, par l'Allemand, *Paris*, 1779, in-8. *bz.*

140 Dictionnaire latin et Français, par Boudot, *Paris*, 1780, in-8. *bz.*

141 Dictionnaire des Siéges et Batailles, *Paris*, 1771, 3 vol. in-8. *p. p. v. m.*

142 Collection de Jurisprudence, par Denisart, *Paris*, 1783 et ann. suiv., 9 vol. in-4. *v. m.*

143 Commerce de la Grande Bretagne, par Whiwortht, trad. de l'Anglais. *Paris*, 1777. in-f. *v. m.*

144 Maison Rustique ou Economie Générale, par Liger, *Paris*, 1777. 2 vol. in-4. *baz.*

145 Géographie Universelle, trad. de l'Allemand, de Busching, *Strasbourg*, 1785, 16 vol. in-8. *bz. m.*

146 Essais de Michel de Montaigne, *Paris*, Bastien, 1793, 3 vol. in-8. *v. ecc.*

147 Œuvres de Virgile, par des Fontaines, *Paris*, 1743, 4 vol. in-8. *v. m.*

148 Histoire de la République Romaine de Salluste, par de Brosses, *Dijon*, 1777, 3 vol. in-4. *fig. bz. ecc.*

149 Voyage autour du Monde, de Bougainville, *Paris*, 1771, in-4. avec cartes, *v. m.*

150 Relation des Isles Pelew de Keate, trad. de l'Anglais, *Paris*, 1788, in-4. *fig. v. ecc. f.*

151 Introduction à l'Histoire Universelle, par Puffendorff, *Paris*, 1753, 8 vol. in-4. *v. m.*

(13)

152 Histoire de la Russie Ancienne et Moderne,
par le Clerc , *Paris* , 1783 , 6 .vol in-4. et atlas.
v. ecc. f.

153 Métrologie ou Traité des Mesures, par Paucton,
Paris , 1780 , in--4. *v. ecc. f.*

154 Astronomie Ancienne, Moderne et Indienne,
par Bailly , *Paris* , 1775 et années suivantes , 5
vol. in-4. *v. m.*

155 Lettres sur l'Origine des Sciences , par Bailly,
Paris , 1777 , in.8. *v. f. f.*

156 Addison's Works, *London* , 1711 ,4 vol. in-4.
c. d. de b.

157 P. Terentii Comediæ sex , notis curavit Wes-
terhovius , *Hagæ* , 1726 , 2 vol. .in-4. *v. m. f.*

158 Virgilii Opera cum notis, in usum Delphini ,
Parisiis , Barbou , 1726 , in-4. *v. m.*

159 Aurelii Victoris Historiæ Romanæ, Notis Fabri,
Parisiis , Barbou , 1726 , in-4. *v. m.*

160 Histoire du Bas Empire, par le Beau , *Paris* ,
1758 et années suivantes , 24 vol. in-12. *v. m.*

161 Œuvres de Boileau , par de Saint-Marc , *Paris,*
1747 , 5 vol.in-8. *v. m. f.*

162 Mémoires pour servir à l'Histoire des Insectes,
par de Reaumur, *Paris* , 1734 , 6 vol. in-4. *v. ecc. f.*

163 Historiæ Augustæ Scriptores , Adjunctæ sunt
Notæ Casauboni , *Parisiis* , 1620 , 2 vol. in-f. *v.*
m. f. d.s . .

164 Glossarium ad Scriptores Mediæ et Infimæ La-

tinitatis , Auctore du Cange , *Parisiis* , 1733,
10 vol. in-f. y compris le supplément. *v. b.*

165 Œuvres Complètes de Voltaire , 1785 , 70 vol.
in-8. *g. p. fig. v. m. f.*

166 Mémoires de Louis XIV , par Choisy , 1747 ,
in-12 *v. m.*

167 Histoire de Louis XII , *Paris* , 1755 , 3 vol.
in-12. *v. m.*

168 Vie de Henri IV , par de Bury , *Paris* , 1766 ,
4 vol. in-12. *v. m.*

169 Louis XIV , sa Cour et le Régent , par Anquetil , *Paris* , 1789 , 4 vol. in-12. *v. m.*

170 L'Ambassadeur , par Wicquefort , 2 vol in-4.
v. b.

171 Histoire de Charlemagne , par Gaillard , *Paris* ,
1781 , 4 vol. in-12. *v. m.*

172 Tablettes Géographiques pour l'intelligence des
Historiens et Poëtes Latins , *Paris* , 1755 , 2 vol.
in-12. *p. p. v. m. f.*

173 Poësies de la Farre , *Londres* , 1781 , in-12 *p. p.*
v. ecc. d. s. t.

174 Les Chef-l'Œuvres d'Horace , trad. en Français , *Lyon* , 1787 , 3 vol. in-12. *p. p. v. m. f*

175 Maximes de la Roche-Foucauld , *Paris* , 1779 ,
in-12. *p. p. v. f.*

176 Emmeline , trad. de l'Anglais , *Paris* , 1788 , 4
vol. in-12. *v. m.*

177 L'Alcoran de Mahomet , par du-Ryer , *Amst.* ,
1746 , 2 vol. in-12. *v. m. f.*

178 Histoire d'Espagne , par Mariana, *Paris* , 1723 ,
9 vol. in-12. *v. m.*

179 Journal de Henri III, *Cologne*, 1710 , **4** vol.
in-12. *fig. v. b.*

180 Mémoires de Condé, pour fervir à l'Hiftoire de
France , *Londres* , 1740, 6 vol. in-12. *v. ecc.*

181 Mémoires de Montglat , *Amst.*, 1727 , 4 vol.
in-12. *v. b.*

182 Triftram Shandy , trad. de l'Anglais, par Frenais , *Londres* , 1784 . 4 vol. in-12. *p. p. v. ecc.*
d. s. t.

183 Voyage de Milady Craven, trad. de l'Anglais,
Paris , 1789 , in-8. *fig. v. ecc. f.*

184 Œuvres de Freret, *Paris* , 1792 , 4 vol. in-8.
baz. f.

185 Œuvres de Saint-Marc , Didot le jeune , 1781,
3 vol in-8. *pap. d'Holl.*

185 Contes de la Fontaine, 1777 , 2 vol. in-8. *fig.*
v. m. d. s. t.

187 Histoire d'Élien , trad. du Grec, *Paris*, 1772 ,
in-8. *v. ecc. fill.*

188 Théâtre et autres Œuvres de Colardeau , *Paris*,
1784 , 2 vol. in-8. *v. ecc. f. d. s. t.*

189 Œuvres de Regnard, *Paris* , Maradan , 1790,
4 vol. *fig. p. v. v. ecc. f. d. s. t.*

190 La Science des Négocians, par la Porte, *Amst.*,
1787 , in-8. *obl. bz. m.*

191 La Tactique discutée , par de Maizeroy, *Paris*,
1773 , in-8. *v. m.*

192 L'Esprit du Chevalier Folard, *Leipsig*, 1761, in-8. *fig. v. m.*

193 Le Cabinet des Fées, *Paris*, 1785, 41 vol. in-8. *fig. v. m.*

194 Dictionnaire Historique des Grands Hommes par une Société de Gens de Lettres, *Caën*, 1783, 9 vol. in-8. *v. m.*

195 Éloge de la Folie, traduit par Gueudeville, *Neuchâtel*, 1778, in-8. *v. m*

196 Price's Observations, *Dublin*, 1771, in-8. *baz.*

197 Mémoires Historiques, Politiques et Militaires sur la Russie, *Lyon*, 1772, 2 vol. in-8. *v. m.*

198 Voyage en France, par Arthur-Young. trad. de l'Anglais, *Paris*, 1793, 3 vol. in-8. *v. ecc. f.*

199 Progrès de l'Esprit Humain, par Saverien, *Paris*, 1777, in-8. *v. m.*

200 Histoire Secrette de la Cour de Berlin, 1789, 2 parties en 1 vol. in-8. *v. m.*

201 Théâtre de Voltaire ; les Romans et la Henriade, de l'*Imprimerie Typographique*, 1784, p. Anglais, 12 vol. in-8. *b. m.*

202 Fables de la Fontaine, *Bouillon*, 1776, 4 vol. in-8. *fig. v. ecc. f.*

203 Dictionnaire Français, composé sur le Dictionnaire de l'Académie, *Paris*, 1793, 2 vol. in-4. *b. m.*

204 Géographie des Grecs analisée, par Gosselin, *Paris*, Didot, 1790, in-4. *v. m.*

205 Voyage dans les Mers de l'Inde, par le Gentil, *Paris*, 1779, 2 vol. in-4. *v. m.*

206 Dictionnaire Espagnol-Français, et Latin de Sejournant, *Paris*. 1775, 2 vol. in-4. *v. m.*

207 Vocabolario Italiano Turchesco, *Roma*, 1665, 3 vol, in-4. *v. m.*

208 Dictionnaire d'Alberti, François-Italien, *Paris*, 1771, 2 vol. in-4. *v. m.*

209 Dictionnaire de Sobrino Espagnol, Français et Latin, *Ambères*, 1789, 3 vol. in-4. *v. m.*

210 Schiroderi Thesaurus Linguæ, Armenicœ, in-4 *v. f.*

211 Montague's Letters, *London*, 1784, 2 vol. in-12. *baz.*

212 Favole e Novelle Del Pignotti, *Lond.*, 1784, in-12. *p. p. v. f.*

213 Opere di G. Tacito, tradotte da Davanzati, *Parigi*, 1760, 2 vol. in-12. *p. p. v. m.*

214 La Secchia rapita di Tassoni, *Parigi*, 1768, in-1 .*p. p. v. m.*

215 Lippi il Malmantile, *Parigi*, 1768, in-12.

216 Pulci il Morgante, *Londra*, 1768, 3 vol. in-12, *v. m..*

217 Pulci il Morgante, *Londra*, 1768, 3 vol. in-12. *p. p. v. ecc. d. s. t.*

218 Il Templo di Gnido, *Parigi*, 1767, in-12. *p. p. v. m.*

219 Il Pastor Fido, *Parigi*, 1768, in-12. *p. p. v. m.*

220 Il Pastor Fido, *Elzevir*, 1659, in-12. *p. p. v. m.*

221 Orlando del Berni, *Parigi*, 1768, 4 vol. in-12. *v. ecc. f.*

222 Il Torracchione Desolato di Corsini , *Parigi* ,
1768 , 2 vol. in-12. *v. f. d. s. t.*

223 Il Torracchione di Corsini , *Londra* , 1768 , 2
vol. in-12. *p. p. v. m.*

224 Opere di Niccollo Macchiavelli , *Parigi* , 1768 ,
8 vol. in-12. *p. p. v. m.*

225 Aminta di Tasso , *Parigi* . 1768 , in-12. *v. m.*

226 Gérusalemme Liberata di Tasso, *Parigi* , 1768 ,
2 vol. in-12. *p. p. v. m.*

227 Historia di Bocaccio Ritrovata , in-12. *v. f. f.
d. s. t.*

228 Scelta di Prose e Poësie Italiane , *Londra* , 1765,
in-12. *p. v. m.*

229 Orlando innamorato di Berni , *Parigi* , 1768 ,
4 vol. in-12. *v. m.*

230 Rime del Petrarca, *Parigi* , 1768 , 2 vol. in-12.
p. p. v. m.

231 Décamerone di Bocaccio , *Londra* , 1768 , 3
vol. in-12. *v. m.*

232 Tito Lucrezio da Marchetti , *Londra* , 1761 ,
2 vol. in-12. *p. p. v. m.*

233 Bocaccio il Decamerone , da V. Martinelli
Londra , 1766 , in-4. *v. m.*

234 Antonio Conti , Prose et Poësie , *Venezia* ,
1739 , 2 vol. in-4. *v. m.*

235 Ciceronis Orationes in usum Delphini , notis
Merouville, *Parisiis* , 1784 , 3 vol. in-4. *v. m.*

236 Sallustii quæ extant in usum Delphini , *Parisiis*,
1674 , in-4. *v. m.*

237 , Joan, Scapulæ, Lexicon Græco-Latinum cum in-
dicibus, accedunt Lexicon Joannis Meursii, *Hackii*,
1752 , in-f. *c. d. .Bus.*

238 Historiæ Regum Septentrionalium , illustravit ,
Peringskiold , 1697 , in-f. *v. m.*

239 Bolingbroke's Wocks , *London* , 1753 , 6 vol.
in-8. *v- f. à l'Anglaise.*

240 Jo , Barclaii Argenis , *Lugduni* , Hackius , 1664 ,
2 vol. in-8. *v. m.*

241 Ausonii opera notis Accuratissime digestis ,
Amstelodami , 1671 , in-8. *v. m.*

242 C. Salustii Crispi opera quæ extant omnia cum se-
lectissimis variorum observationibus et accurata
Recentione Ant. Tysii , Lugd Batavorum , 1659 ,
in-8. *m. b.*

243 Le Décameron de Boccace , *Londres* , 1757 ,
5 vol. in-8. *v. ecc. f.*

244 Théâtre des Grecs, par le P. Brumoy, *Paris* ,
Cussac, 1785, 13 vol. in-8. *fig. p. vel. v. m. d. s.
1. fill.*

245 Hommes Illustres de Plutarque , par Amyot,
avec les notes de Brotier, *Paris* , Cussac, 1783 ,
22 vol. in-8. *fig. v. ecc. f.*

246 Voyages de Pallas , trad. de l'Allemand , par
Gauthier , *Paris*, 1788, 5 vol. in-4. et un des
Planches, *b. ecc. f.*

247 Dictionnaire Historique et Critique, de Bayle ,
Rotterdam , 1720, 4 vol. in-f. *v. m.*

C e

248 Histoire de l'Académie des Inscriptions et
Belles-Lettres , depuis son établissement jusqu'à
présent, *Paris* , 1736 et années suivantes , 43 vol.
in-4. rel., c. *d. br.*

249 Précis historique et expérimental sur l'Electri-
cité, par Sigaud-de-Lafond, *Paris* , 1785 , in-8. *b.*

250 Des Tropes , par Dumarsais , *Paris* , 1775 ,
in-12. *v. m.*

251 Themidore, *Londres* , 1781 , in-12. *p. p. v. m.*

252 La mort d'Abel , traduit par Hubert, *Amst.* ,
176 0, in-12. *p. p. v. m.*

253 Adonis , Poeme, par Jean de Lafontaine , *Paris* ,
Didot l'aîné , 1794 , in-12. *p. p. v. m. r.*

254 Mémoires de Pontis , *Paris* , 1766 , 2 vol. in-
12. *v. m.*

255 Vie du Duc d'Espernon , *Amst,* 1736 , 4 v.
in-12. *v. f.*

256 Histoire des Conjurations et Révolutions cé-
lébres , par Duport-du-Tertre , *Paris* , 1754 ,
10 vol. in-12. *v. m.*

257 Histoire de la République de Venise , par
Laugier , *Paris* , 1759 , 12 vol. in-12. *v. m.*

258 Histoire des Arabes, par Marigni , *Paris* ,
1759 , 4 vol. in-12. *v. m. f.*

259 Abrégé de l'Histoire d'Angleterre , par Rapin-
Thoyras ; *La Haye* , 1730 , 10 vol. in-12. *v. m.*

260 H stoire des Gouvernemens du Nord , traduit
de l'Anglais de Williams , *Amst.* , 1780 , 4 v.
in-12. *v.*

261 Mémoires de J. H * *. 4 vol. in-12. *v. m.*

262 Egaremens de la raison , ou Comte de Valmont . *Paris*, 1775, 5 vol. in- 12. *v. m.*

263 Œuvres de J. B. Rousseau , *Londres* , 1781 ,
2 vol. in-12. *p. p. v. ecc. d. s. t.*

264 La Pucelle d'Orléans , 2 vol. in-12. *p. p.
v. ecc. d. s. t.*

265 Poesies d'Horace, par Sanadon , *Paris* , 1756,
8 vol. in-12. *v. m.*

266 Remarques critiques sur les Œuvres d'Horace,
avec une nouvelle traduction , *Paris* , 1781 ,
10 vol. in-12. *v. m.*

267 Variétés littéraires , *Paris* , 1768 , 4 vol.
in-12. *v. m.*

268 Vie de Crillon, surnommé le Brave , *Paris*,
1757, 2 vol. in-12. *v. m.*

269 Histoire de Charles VI , par Mlle de Lussan ,
Paris , 1753 , 9 vol. in-12. *v. m.*

270 Vie de Turenne , pat Dubuisson , *La Haye* ,
1688, in-12. *v m.*

271 Histoire de la Maison de Bourbon au trône
d'Espagne , par Targe, *Paris* , 1772 , 6 vol.
in-12. *v. m.*

272 Mémoire de la minorité de Louis XIV ,
Trevoux , 1754 , 2 vol. in-12. *p. p. v. m.*

273 Mémoires de Bordeaux, *Paris*, 1758, 4 vol.
in-12. *v. m.*

274 Elémens de l'Histoire générale , par Millot ,
1778 , 9 vol. in-12. *b. m.*

275 Elémens de l'Histoire de France, par Millot, *Paris*, 1778, 3 vol. in-12. *v. m.*

276 Elémens de l'Histoire d'Angleterre de Millot, *Paris*, 1773, 3 vol. in-12. *v. m.*

277 Histoire des Troubadours, par Millot, *Paris*, 1774, 3 vol. in-12. *v. m.*

278 Mémoires politiques et militaires par Millot, *Paris*, 1777, 6 vol. in-12.

279 Voyages en Guinée, par Isert, traduits de l'Allemand, *Paris*, 1793, in-8. *fig.*

280 Emile, ou de l'Education, par J. J. Rousseau, *Londres*, 1781, fig. 4 vol. in-8. *v. ecc.*

281 La nouvelle Héloise par J. J. Rousseau, *Lond.*, 1781, fig. pap. f. 7 vol. in-8. *v. ecc. fill.*

282 Œuvres d'Helvétius, *Paris*, Bastien, 1792, 5 vol. in-8., *ecc. fill.*

283 Les Amours de Daphnis et Chloé, en grec, par Longus, et traduites par Amiot, *Lille*, 1792, in-8. *pp. fig. v. ecc. f.*

284 Journal de Pierre Le Grand, *Stockholm*, 1774, in-8. *v. m.*

285 Fortifications de Le Blond, *Paris*, 1766, in-12.; la fortification de Campagne par Cugnot, *Paris*, 1769, 1 vol. in-12, *v.* ; Traité des Evolutions Militaires, par Bombelles, *Paris*, 1754, 1 vol. in-12. *v.* en tout 3 vol.

286 Cours de Tactique, par Maizeroy, *Paris*, 1765, 2 vol. in-8. *v. m.*

287 La France littéraire , *Paris* , 1769 , 2 vol. in-8. *v. m.*

288 Vóyage de Volney , *Paris* , 1787 , 2 vol. in-8. fig. et cart. *v . m.*

289 Voyage Historique et littéraire dans la Suisse 1781 , 2 vol. in-8. *b. c.*

290 L'Enfer, Poeme du Dante , traduction nouvelle , *Paris* , 1783 , in-8. *b. f.*

291 Constitution des principaux états de l'Europe et de l'Amérique , par Delacroix , *Paris* , 1793 , 5 vol. in-8. *b.*

292 Télémaque de Fénélon , *Maëstricht* , 1782 , in-8. *fig. v. etc. f.*

293 Fables by M. Gay, *London* , 1729, in-8. *v. m.*

294 Elémens de Tactique démontrés géométriquement, en allemand traduit par Holtzendorff, *Paris*, 1777 , in-8. fig. *v. m.*

295 Essai Théorique et pratique sur les Batailles , par de Grimoard , *Paris* , 1775 in-4. *v. m.*

296 Poesies d'Anacréon et de Sapho , par Dacier, *Amst.* , 1716 , in-8. *v. m.*

297 Description de l'Arabie , par Niebuhr, *Paris*, 1779 , 5 vol. in-4. avec cartes *v. m.*

298 Méthode pour étudier l'Histoire par Lenglet-du-Fresnoy , *Paris* , 1729 , 6 vol. in-4. y compris les 2 vol. de supplément. *v m.*

299 Œuvres de Lucien , traduites du grec , *Paris* , Bastien, 1783 , 6 vol. in-8. *b. etc. f.*

300 Œuvres de Fénélon , *Puris* , Didot , 1787 ,
5 vol. in-4. *g. p. b.*

301 Dictionnaire de Chimie , par Macquer , *Paris* ,
1778 , 2 vol. in-4. *v. m.*

302 Satyres et autres Œuvres de Régnier avec remarques , *Londres* , 1733 , in 4. *v. ecc. f.*

303 Dictionnaire français , composé sur le Dictionnaire de l'Académie , *Paris* , 1793 , 2 vol.
in-4. *bas.*

304 Œuvres de Molière , avec observations, par
Bret , *Paris* , 1786 , 8 vol. in-12. *p. p. v. m. f.*

305 Théâtre de Mont-Fleury , *Paris* , 1775 , 4
vol. in-12. *v. m.*

306 Découvertes des Russes entre l'Asie et l'Amérique , trad. de l'Anglais de Coxe, *Paris*, 1781 ,
in-4. *v. m.*

207 Voyage au pole Boréal , par Philippes , trad.
de l'Anglais , *Paris* , 1775 , in 4. *v. m.*

308 Phœdri Fabularum lib. , cum commentario Bur-
manni , *Leydæ* , 1727 , in-4. *v. m.*

309 Suetonius , cum notis Grœvii , 1708 , in-4 v.

310 Ptolemæi Geographiæ , libri octo , Græco-Latini ,
per G. , Mercatorem , *Amst.* , 1605 , fol. *b. c.*
d. debas.

311 Dictionnaire Économique par Chomel , *Paris* ,
1732 , 4 vol. in-fol. , y compris le supplément ,
1743. *v. m.*

312 Anacréon , Barnæsii , *Cantabrig.* , 1695 ,
in-12. *v. m.*

313 Frugoni Opere poetiche , *Parma* , 1779 , 9 vol. in-8. *baz*.

314 Giuvenale e Persio , del Darovigo , *Venezia* , 1758 , 2 vol. in-8. *r. v.*

315 Teatro comico , Fiorentino ; 6 vol. in-8. *v. m.*

316 Shaftesbury's Characteristicks , 1737 , 3 vol. in-8. *v. f.*

317 Plinii Epistolarum libri X , cum selectis accurante Veenhusio , ex officinâ Hackiana , 1669 , *v.*

318 Evelina or the young Lady's Entrance , into the World , *London* , 1784 , 3 vol. in-12. *bas. f.*

319 Poesie di Filicaia , *Londra* , 1781 , 2 vol. in-12. *v. f. f. d. s. t.*

320 The Seasons by Thomson , *London* , 1783 , in-12. *p. p. m. r.*

321 Taciti Opera supplementis , notis Brotier , *Parisiis* , 1776 , 7 vol. in-12. *g. p. v. m.*

322 Q. Curtii Rufi de rebus gestis , Alexandri magni , *Parisiis* , 1757 , in-12. *v. m. f. d. s t.*

323 Roland furieux , traduction de d'Ussieux , *Paris* , Brunet , 1775 , 4 vol. in-8. *g. p. fig. v. ecc. f.*

324 Collection universelle des Mémoires sur l'Histoire de France , *Paris* , 1785 , 64 vol. in-8. *bas. ecc.*

325 Dictionnaire d'Histoire naturelle , par Valmont , Bomare , *Lyon* , 1791 , 15 vol. in-8. *b.*

326 Histoire moderne pour servir de suite à celle de Rollin , *Paris* , 1755 , 30 vol. in-12. *v. m.*

327 Voyage d'Anacharsis , *Paris* , Debure 1788 , 5 vol. in-4. y compris l'Atlas. *v. f.*   D

328 Collection des Moralistes ; *Paris* , 1782 , Didot'
et Debure l'aîné, 13 vol. in-12. *p· p. b.*

329 La Gerusalemme liberata di Torquato Tasso ,
figurata da Castello , *Genova* , 1617 , fol. *v. b.*

330 Johnson's English Poets. *London* , 1779 ,
68 vol. in-12. *p. p. v. r.*

331 Les Edifices antiques de Rome, par Desgodetz ,
Paris , 1779 , in-folio, fig. *g. p. v. ecc. f. d. s. t.*

332 Histoire Naturelle de Buffon et d'Aubenton ,
Paris , 1749 , 38 vol. in-4. , y compris les
Oivpares. *v. m.*

333 Crimes des Rois de France in-8.
Crimes des Reines de France, in-8.
Crimes des Papes , par Lavicomterie , in-8.
Crimes des Empereurs d'Allemagne , in-8.
4 vol. in-8. *b.*

334 Mémoires concernant les Impositions , par
Moreau de Beaumont , *Paris* , 1787 , 4 vol·
in-4. *b.*

335 Dictionnaire de Moreri, 2 vol., Œuvres de
Bacquet , Capitulaires de Baluze, 2 vol. Basnage ,
sur les coutumes de Normandie, 8 vol. in-fol.
v. m.

336 Atlas de Delisle, contenant 19 Cartes, *Paris,*
1720, in-fol. *v. m.* Carte de France , divisée par
Départements, par Capitaine, montées sur rouleau ,
collées sur toile.

337 Mémoires de du-Guay-Trouin , 1740. in

338 Histoire de l'université de Paris, par Crevier, *Paris*, 1761 , 7 vol. in-12. *v. m.*

339 Histoire , de Turenne par Raguenet, *Paris*, 1741, in-12. *v. m.*

340 Histoire de Charlemagne , par Gaillard, *Paris*, 1782 , 4 vol. in-12. *v. m.*

341 Histoire d'Angleterre, par Targe, *Paris*, 1768 , 5 vol. in-12. *v. m.*

342 Les Devoirs de l'Homme et du Citoyen de Puffendorf, par Barbeyrac , *Londres* , 1741 , 2 vol. in-12. *v. m.*

343 L'Odyssée d'Homère , trad. en Français , avec fig. , *Paris*, 1719, 2 vol. in-12. *v. m.*

344 Cyropedie ou Histoire de Cyrus, par Dacier , *Paris*, 1777 , 2 vol. in-12. *v. m.*

345 Voyage Sentimental , traduit de l'Anglais , *Londres*, 1784 in-12. *p. p. v. d. s. t.*

346 Théâtre de Regnard , *Londres* , 1784 , 4 vol. in-12. *v. ecc. d. s. t.*

347 L'Ordre des Sociétés Politiques , *Paris*, 1767 , 2 vol. in-12. *v. m.*

348 Le Manuel d'Epictete et Commentaires de Simplicius, par Dacier, *Paris*, 1776, 2 v. in-12. *v. m.*

349 Oraisons Funèbres de Bossuet , Fléchier, Mascaron , Maboul , 4 vol. in-12. *v. m.*

350 Sermons de Massillon , *Paris*, 1760 , 12 vol. in-12. *v. m.*

351 Sermons de Bourdaloue , *Paris* , 1716 , 18 vol in-12. *v. m.* D 2

352 Morale de Théophraste, in-12. *pp. v. f.*

353 Histoire de Louis XIII, par le Vassor, *Amst.*, 1750, 18 vol. in-12. *v. m.*

354 Journal de Richelieu, *Paris*, 1666, in-12. *p. p. v. m.*

355 Vie du Duc de Rohan, *Amst.*, 1756, 2 vol. in-12. *v. ecc. f.*

356 Œuvres de Racine, *Paris*, 1789, 3 vol. in-12. *v. m.*

357 Voyage de Dixon, trad. par le Bas, *Paris*, 1789, avec les cartes, 2 vol. in-8. *v. m. f.*

358 Emile, ou de l'Education, par J. J. Rousseau, *Londres*, 1781, *fig. p. f.* 4 vol. in-8. *v. ecc. f.*

359 La Nouvelle Héloïse, par J. J. Rousseau, *Londres*, 1781, *fig. p. f.* 7 vol. in-8. *v. ecc. f.*

360 Abrégé de l'Histoire, &c. du Droit public d'Allemagne, par P. Feffel, *Paris*, 1777, 2 vol. in-8. *bz.*

361 Les Amours de Daphnis et Chloé, en Grec, par Longus, et trad. par Amyot, *Lille*, 1792, in-8. *p. p. fig. v. ecc. f. f.*

362 Voyage d'Anacharsis, *Paris*, 1789, 8 vol. in-12. *v. m.*

363 Œuvres d'Helvétius, *Paris*, Bastien, 1792, 5 vol. in-8. *ecc. f.*

364 Eraste ou l'Ami de la Jeunesse, par Fillassier, *Paris*, 1789, 2 vol in-8 *v. m.*

365 Repertoire de Jurisprudence, par Guyot, *Paris*, 1784, et ann. suiv. 17 vol. in-4. *br.*

366 Caii Plinii Secundi Historiæ Naturalis Libri
37 , notis Brotier , *Parisiis* ; Barbou , 1779 , 6
vol. in-12. *v. m. f. d. s. t.*

367 Ciceronis opera recensuit , J. N. l'Allemand ,________
Parisiis , Barbou , 1768 , 14 vol. in-12. *v. j. s.*
d. s. t. p.

368 C. Cornelii Taciti quæ extant opera recensuit J.
N. l'Allemand , *Parisiis* , Barbou , 1760 , 3 vol.
in-12. *v. f. f. d. s. t.*

369 Marci Accii Plauti Comediæ quæ supersunt ,
Parisiis , 1759 , Barbou , 3 vol. in-12 *v. f. f. d. s. t.*

370 C. Julii Cœsaris Commentariorum , *Parisiis* ,
Barbou , 1755 , 2 vol. in-12. *v. m. f. d. s. t.*

371 Catullus , Tibullus et Propertius, *Parisiis* , Barbou , 1754 , in-12. *v. m. f. d. s. t.*

372 Justini Historiarum ex Trogo Pompeio Libri
44 , *Parisiis* , Barbou , 1770 , in-12. *v. f. f. d. s. t.*

373 Senecæ opera , *Parisiis* , Barbou , 1761 , in-12.
v. m. f. d. s. t.

374 Juvenalis Satyrarum Libri V , Barbou , 1754 ,
in-12. *v. m. d. s. t.*

375 Phædri Fabulæ emendavit Philippe , acc· notæ ,
Barbou , 1754 , in-12. *v. m. f. d. s. t.*

376 Sarcotis Carmen Auctore J. Marsenio , *Parisiis* ,
Barbou , 1757 , in-12. *v. m. f. d. s. t.*

377 Sarbievii Carmina , *Parisiis* , Barbou , 1759 ,
in-12. *v. f. f. d. s. t.*

378 Amenitates Poëticæ , *Parisiis* , Barbou , 1779 ,
in-12. *v. f. f. d. s. t.*

379 Lucretii de rerum Natura , *Lutetiæ* , Barbou ,
1754 , in-12. *v. m. f. d. s. t.*

380 Stultitiæ Laudatio , Erasmi, *Parisiis*, Barbou ,
1777 , in-12. *v. f. f. d. s. t.*

381 Lucani Pharsalia cum suppl. Maii , *Parisiis* ,
Barbou 1767 in-12. *v. m. f. d. s. t.*

382 Elémens de Tactique , par le Blond , *Paris* ,
1758 , in-4. *fig. v. m.*

383 Géographia Antiqua , *Lugduni* , 1700 , in-4.
v. m.

384 La Gnomonique , ou l'Art de faire des Cadrans ,
par Rivard , *Paris* , 1757 , in-8. *v. m.*

385 Dictionnaire Français , composé sur le Dictionnaire de l'Académie , *Paris* , 1793 , 2 vol.
in-4. *baz.*

386 Abrégé Chronologique de l'Histoire générale
d'Italie , par de Saint-Marc , *Paris* , 1761 , 6 vol.
in-8. *p. p. v. m. f.*

387 Traité des Arbres fruitiers , par du Hamel ,
Paris , 1782 , 3 vol. in-8. *fig. v. m.*

388 Abrégé des Transactions Philosophiques de la
Société Royale de Londres , et Mémoires d'A-
griculture , *Paris* , Buisson , 21 vol. in-8. *ecc. f.*

389 Recueil de Pièces , contenant la Vie de Dante ,
avec une notice de ses ouvrages. — Discours sur
l'universalité de la langue Française , *Berlin* ,
1784 , 2 vol. in-8. *v. ecc.*

390 Droit Naturel , Droit Politique , par Burlamaqui , *Genève* , 1744 , 2 vol. in-8. *v. m.*

391 L'Enfer , poëme du Dante , trad. Nouvelle ,
Paris , Didot , 1785 , 2 vol. in-8. *p. v. v. d. m.
f. d. s. t.*

392 Médecine domestique , par Buchan , trad. de
l'Anglais , par Duplannil , *Paris* , 1789 , 5 vol.
in 8. *bas. m.*

393 Voyage Littéraire de la Grèce , par Guys,
Paris , 1776, 2 vol. in-8. *fig v. ecc. f.*

394 Voyage en Sicile et Malthe ; trad. de l'Anglais , par Demeunier , *Paris* , 1775 , 2 vol. in-8.
c. d. bas.

395 Voyage de Vaillant dans l'Afrique , *Paris* ,
1790, avec fig. in-4. *v.*

396 Voyage au Nord , par Tremarée , *Ams.* , 1772,
in-4. *v. m.*

397 Gibbon's Roman Empire , *London* , 1776, 6
vol. in-4 , dont les trois premiers rel. *v. m.* , &
3 *br. c.*

398 C. Velleii Paterculi hist. Romanæ Libri duo , in
usum Delphini , *Par.* , Barbou , 1726 , in-4. *v. m.*

399 Cluveri Introductionis in universam Géogra-
phiam-Libri, VI *Amstelod.* , 1729, in-4. *v. m.*

400 Dictionnaire géographique de la Martiniére ,
Amst. , 1726 , 10 vol. in-fol *v. m.*

401 Télémaque de Fénélon , & Télémaque , Poeme
par Hardouin , *Paris* , Didot l'aîné , 1792 ,*pap.
vel.* 5 vol. in-12. *b.*

402 Cronycke Van Hollant ; in-4. *v. m.*

403 Adams on the States of America, *London*, 1787, in.8. *baz.*

404 Statira et Amestris, Histoire Persanne, *Paris*, 1770, in-12. *v. m.*

405 Filli di Sciro di Bonarelli, *Londini*, 1728, *v. m. f.*

406 Ovidii opera omnia, notis Heinsii, curavit Fischerus, *Lipsiæ*, 1758, 4 vol. in-8. *v. m.*

407 Plini Panegyricus, cum annotationibus, Baudii, ex officinâ Hackianâ, 1675, in-8. *v.*

408 Philosophie de la Nature, *Londres*, 1777 6 vol. in-8., *v. ecc. f.d. s. t.*

409 Histoire d'Angleterre, par Hume, 18 vol. in-12. *v. m.*

410 Théâtre des Grecs, par le P. Brumoy, *Paris*, Cussac, 1785, 13 vol. in8. fig. *p. ord. v. ec. f.*

411 Abrégé de l'Histoire des Voyages, par la Harpe, *Paris*, 1780, avec les Voyages d'Écosse et Pologne, servant de supplément, 30 vol. in-8., y compris l'Atlas. *v. m.*

412 Histoire naturelle de Buffon et d'Aubenton, imprimée à *Deux-Ponts*, 1785, 52 vol. in-12 les fig. des Oiseaux coloriéés, *bz. ecc.*

413 La sainte Bible, contenant l'ancien et le nouveau Testament, traduite en Français, par de Saci, ornée de 300 fig., gravées d'après les desseins de Marillier, *Paris*, Maisonneuve, Libraire, Imprimerie de Didot, le jeune, 3 vol. in-8. *b.* et une livraison du quatrième volume en feuilles.

414 L'art de vérifier les dates, *Paris*, 1783 , et années suivantes , 3 vol. in-fol. *v.* ecc. *f.*

415 Histoire Universelle traduite de l'Anglais, par une Société de Gens de Lettres , *Amst* , 1747 , 44 vol. in-4. , *v. m.*

416 Dictionnaire Militaire, *Dresde* , 1751 , 2 vol. in-8. *bas. m.*

417 Dictionnaire de Trevoux , Français et Latin , *Paris*, 1732 , 6 vol. in-f. y compris le supplément, *v. m.*

418 Rêves d'un Homme de bien, par Saint-Pierre, *Paris*, 1775 , in-12. *v. m.*

419 Les Saisons, Poëme , *Londres* , 1782 , in-12. *v. ccc. d. s. t.*

420 Essai sur l'Homme , avec un Discours sur la Philosophie Anglaise , *Lyon* , 1761 , in-12. *p. p. v. m.*

421 Négotiations de Paix , par l'Angier , 1768 , 2 vol. in-12. *v. m.*

422 Recherches sur les Egyptiens et les Chinois , par Paw , *Berlin* , 1773 , 4 vol. in-12. *v. m.*

423 Les Nuits d'Young , trad par le Tourneur , mises en vers Français, par Hardouin, *Paris* , Didot l'aîné , 1792 , *pap. v.* 4 vol. in-12. *br.*

424 Philippiques de Démosthène et Catilinaires de Cicéron , par d'Olivet , *Paris* , 1787 , in-12. *bas.*

425 Histoire de Charles-Quint , par Robertson , *Paris*, 1771 , 6 vol. in-12. *v. m.*

426 Histoire des Juifs de Joseph, traduite par Arnauld d'Andilly, *Paris*, 1744, 6 vol. in-12. *v. m. f.*

427 Mémoires de Montpensier, *Amst.*, 1730, 6 vol. in-12. *v. b.*

428 Idylles de Gesner, par Hubert, *Amst.*, 1764, in-12. *p. p. v. m.*

429 Histoire d'Ecosse de Robertson, trad. en Français, *Londres*, 1772, 4 vol. in-12. *v. m.*

430 Mémoires de Joly, *Roterd.*, 1718, 2 vol. in-12. *v. b.*

431 Mémoires du Card. de Retz, *Amsterd.*, 1717, 4 vol. in-12. *v. b.*

432 Tableau de l'Histoire de France, *Paris*, 1780, 2 vol. in-12. *v. m.*

433 Mémoires Historiques et Anecdotes de France, *Amsterd.*, 1764, 4 vol in-12. *v. m.*

434 L'Esprit de la Ligue, par Anquetil, *Paris*, 1771, 3 vol. in-12. *v. m.*

435 Recherches sur la valeur des Monnoies, avant le Concile de Francfort, *Paris*, 1762, in-12. *v. m.*

436 Histoire de la Rivalité de la France et de l'Angleterre, par Gaillard, *Paris*, 1771, 3 vol. in-12. *v. m.*

437 Valere Maxime, Latin-Français, *Lyon*, 1700, 2 vol. in-12. *v. m.*

438 Histoire de la Révolution de Naples, par Mlle. de Lussan, *Paris*, 1757, 4 vol. in-12. *v. m.*

439 Essai sur les Probabilités de laDurée de la Vie humaine , par Deparcieux , *Paris* , 1746 et add. *v. m.*

440 Révolutions Romaines , Suède et Portugal , par Vertot , 6 vol. in-12. *v. b.*

441 Mémoires de Lawrence , trad. de l'Anglais , *Paris* , 1766, 2 vol. in-12. *v. m.*

442 Vie d'Elizabeth , Reine d'Angleterre , *la Haye*, 1741 , 2 vol. in-12. *fig. v. m.*

443 Mémoires des Expéditions Militaires qui se sont faites en Allemagne , en Hollande et ailleurs, depuis le traité d'Aix-la-Chapelle jusqu'à celui de Nimègue , *Paris* , 1734 , 2 vol in-12. *m. j.*

444 Histoire de la Maison de Montmorenci , par Desormeaux , *Paris*, 1764 , 5 vol. in-12. *v. m.*

445 Contes et Fables Indiennes , *Paris* , 1778 , 3 vol. in-12 , *v. m.*

446 Voyage d'Anson , trad. de l'Anglais , *Paris* , 1764 , 5 vol. in-12. *v. m.*

447 Théâtre de Voltaire , *Londres* , 1782 , 10 vol. in-12. avec *fig. p. p. v. ecc. f. d. s. t.*

448 Œuvres de Boileau , *Londres* , 1780 , 2 vol. in-12. *p. p. v. ecc. d. s. t.*

449 Théâtre de le Grand , *Paris* , 1731 , 4 vol. in-12. *v. m.*

450 Richesse des Nations de Smith , trad. de l'Anglais , *Paris* , 1786 , 6 vol. in-12 *v. m.*

451 Histoire de l'Empire , par Heiss , *Amst.*, 1738, 8 vol. in-12. *v. m.*

452 Histoire de Louis XIV, par Reboulet, *Avignon*, 1746, 9 vol. in-12. *v. m.*

453 Tableau de Logarithmes, *Paris*, 1760, in-12. *v. m.*

454 Anecdotes de la Cour de François I, *Londres*, 1748, 3 vol. in-12. *v. m.*

455 Histoire de France, par Choisy, 3 vol. in-12. *v. m.*

456 Essais sur Paris, par St.-Foix, *Paris*, 1776, 7 vol. in-12. *v. m.*

457 Voyage de Milady Craven, trad. de l'Anglais, *Paris*, 1789, in-8. *fig. v.*

458 Voyage de Dixon, trad. par le Bas, *Paris*, 1789, avec cartes, 2 vol. in-8.

459 Œuvres de Freret, *Paris*, 1792, 4 vol. in-8. *bas. f.*

460 Philosophie de la Nature, *Londres*, 1777, 6 vol. in-8.

461 Contes de la Fontaine, 1777, 2 vol. in-8. *fig. v.*

462 Abrégé de l'Histoire et du Droit public d'Allemagne, par Pfeffel, *Paris*, 1777, 2 vol. in-8. *v. m. f.*

463 Essai d'une Nouvelle Typographie, par Luce, *Paris*, 1771, in-4. *v. f.*

464 Histoire d'Angleterre, par Smolett, *Orléans*, 1759, 19 vol. in-12. *v. m.*

465 Histoire du Concile de Trente de Fra-Paolo, avec les notes, par le Courayer, *Amst.*, 1751, 3 vol. in-4. *bas.*

466 Mémoires et Observations de Chimie , par Four-
croy , *Paris* , 1794 , in-8. *b.*

467 Voyage en Suisse , par Coxe , trad. de l'Anglais , *Paris* , 1790 , 3 vol. in-8. *fig. bas. m.*

468 Voyage de l'Amérique , par Smith , trad. de
l'Anglais , *Paris* , 1791 , in-8. *v. ecc. f.*

469 Histoire des Causes premières , par Batteux ,
Paris , 1769 , in-8. *v. m.*

470 Œuvres de Crebillon , *Paris* , 1785 , 3 vol.
in-8. fig. *baz. ecc. f.*

471 Télémaque de Fénélon , *Paris*, Didot le jeune,
1790 , 2 vol. in-8. *p. v.* manquent les fig. *b.*

472 Mémoires de M. de Staal , *Londres* , 1755 ,
4 vol. in-8. *v. m.*

473 Dictionnaire français et anglais , anglais et
français , par Boyer , *Lyon* , 1784 , 2 vol. in-8.
g. p. v. m.

474 Le Microscope à la portée de tout le monde ,
par Baker , traduit de l'anglais , *Paris* , 1754 ,
in-8. *v. m.*

475 Voyage de Vaillant dans l'Afrique , *Paris* ,
1790, in--4. fig. *v. m. f.*

476 Voyage de Verdun , *Paris* , 1778 , 2 vol.
in-4. avec cartes. *v. m.*

477 Essai sur les Monnoies , ou réflexions sur le
rapport entre l'argent & les denrées , *Paris* ,
1746 , in-4. *v. m.*

478 La Comedia di Dante, *Venezia,* 5 vol. in-8.
v. ecc. f. d. s. t.

479 La Gerusalemme liberata di Tasso , *Parigi* .
1792, appresso, Bossange, 2 vol. in-8. *bz. f. d. s. t.*

480 Pomponii Mélæ , de Situ orbis , cum notis ,
Lugduni , 1748 , in-8. *v. ecc. f.*

481 Suetonius et in eum Commentarius , exhibente
Schildio , editio quarta , Hackii , 1662 , in-8. *v.*

482 Arabick Grammar , by Richardson , *London* , *t*.
1776 , in-4. *v. m.*

483 Antiquæ Musicæ, autores septem , græce et
latine , Marcus Meibomius restituit , ac notis
explicavit , *Amstelodami* , 1652 , 2 vol. in-4.
v. ecc. f. d. s. t.

484 Lucani Pharsalia , curante Oudendorpio , *Lugduni* , 1728 , in-4. *v. m.*

485 Justinus de Historiis Philippicis , &c. notis
Cantel , *Parisiis* , 1677 . in-4. *v. m.*

486 Pindari opera , *Salmurii* , 1620 , in-4. *v. f.*

487 Dictionnaire français composé sur le dictionnaire
de l'Académie, *Paris*, 1763 , 2 vol. in-4. *baz. m.*

488 Histoire de France par Velly , Villaret &c.
30 vol. in-12. *v. m.* les deux premiers brochés.

489 Le Décameron Français, par d'Ussieux , *Paris* ,
1783 , 5 vol. in-8. , *v. ecc. f.*

490 Dictionnaire des Jardiniers de Miller , traduit
de l'Anglais par une Société de Gens de Lettre s,
Paris , 1785 , 10 vol. in-4. *v. m. f*

491 Œuvres complettes de Voltaire , 1785 , 92
vol. in-12. *bz. ecc. f.*

492 Œuvres de Pope , traduit de l'Anglais , *Paris* ,
1780 , 8 vol. in-8. *v. f. f. d, s. t.*

493 Œuvres de la Motte, *Paris* , 1754 , 11 vol.
in-8. *v. f. f.*

494 Voyages d'Anacharsis, *Paris* , de Bure l'aîné ,
1790 , 7 vol. in-8. & atlas. *v. f. d. s. t.*

495 Théâtre des Grecs , par le P. Brumoy , *Paris* ,
Cussac , 1785, 13 vol. in-8. fig. *pap. ord. v. ecc. fil.*

496 Hommes Illustres de Plutarque , par Amiot ,
avec les notes de Brotier , *Paris* , Cussac , 1783 ,
22 vol. in-8. *fig. pap. f. v. ecc. f.*

497 Théâtre de Shakespeare , traduit de l'Anglais ,
Paris , 1776 , 20 vol. in-8. *v. m.*

498 Art de la Guerre de Puisegur , *Paris* , 1748 ,
2 vol. in-fol. *g. p. v. m.*

499 Histoire Générale des Voyages , par Prevost ,
la Haye , 1747 , 19 vol. in-4. *v. m.*

500 L'Antiquité expliquée, par Montfaucon , *Paris* ,
1719, 10 vol., supplément, 1757 , 5 vol. — Mo-
nument de la Monarchie Française , 1729 , 5 v.
in-fol. fig. *v. f.*

501 Traité de Paix de Riswick , *la Haye* , 1699 , 4
4 vol. in-12. *v. b,*

502 Principes de la Langue Française , par Girard ,
Paris , 1747 , 2 vol. in-12. *b. m.*

503 Histoire du cardinal Mazarin , par Aubery ,
Amsterd. , 1695 , 2 vol. in-12. *v.*

504 Traité des Délits et des Peines , *Paris* , 1773 ,
in-12. *v. m.*

505 Dictionnaire de la Fable , par Chompré, *Paris ,*
1757 , in-12. *p. p. v. ecc.*

506 Discours sur l'Histoire, le gouvernement &c.
de plusieurs Nations de l'Europe , par d'Albon,
Paris , 1782 , 4 vol. in-12. *v. m.*

507 Philippiques de Démosthène & Catilinaires de
Ciceron , par d'Olivet, *Paris ,* 1787 , in-12. *bz.*

508 Morale des Anciens , *Paris ,* 1782 , in-11.
p. p. v. ecc. f.

509 Histoire de Condé , par Desormeaux, *Paris ,*
1766, 4 vol. in-12. *v. m.*

510 Histoire d'Angleterre , par Targe, *Paris ,* 1768,
5 vol. in-12. *baz.*

511 Essai sur l'Histoire de la Société Civile , par
Ferguson , trad. de l'Anglais, par Bergier, *Paris ,*
1783 , 2 vol. in-12. *v. m.*

512 Petrone Latin et Français, *Amst. ,* 1736, 2
vol. in-12. *v. m.*

513 Pensées Morales de Ciceron , *Paris ,* 1782,
in-12. *p. p. v. f.*

514 Pensées de Ciceron, par d'Olivet, *Paris ,* 1781,
in-12. *bas.*

515 Traité de l'Orateur de Ciceron, par Colin, *Paris.*
1768 , in-12. *bas.*

516 Traité des Loix de Ciceron , par Morabin, *Paris ,*
1777 , in-12. *bas.*

517 Entretiens de Ciceron sur la Nature des Dieux ,
par d'Olivet, *Paris ,* 1793 , 2 vol. in-12. *bas. b.*

518 Lettres de Ciceron à Brutus, par de Laval, *Paris*, 1731, 2 vol. in-12. *v. m.*

519 Tusculanes de Ciceron, par Bouhier et d'Olivet, *Paris*, 1776, 2 vol. in-12. *bas. b. f.*

520 Histoire de Ciceron, *Paris*, 1749, 4 volumes in-12. *m. v.*

521 Les Offices de Ciceron, par Barret, *Paris*, 1776, in-12. *bas.*

522 Oraisons Choisies de Ciceron, par Wailly, *Paris*, 1786, 3 vol. in-12. *baz.*

523 Lettres de Ciceron avec remarques et le texte latin, par Mongault, *Paris*, 1787, 4 vol. in-12. *v. b. f.*

524 Oraisons de Ciceron, par Willefore, *Paris*, 1732, 8 vol. in-12. *v. m*

525 Histoire des Guerres de Flandres, par du-Ryer, *Anvers*, 1705, 5 vol. in-12. *fig. v. b.*

526 Tableau Historique des Gens de Lettres, *Paris*, 1767, 6 vol. in-12. *v. m.*

527 Galatée, par Florian, *Paris*, 1783, 1 volume in-12. *p. p. r. c.*

528 Cours de Lecture de Doddrige, trad. de l'Anglais, *Liége*, 1768, 4 vol. in-12. *v. ecc. f.*

529 Histoire des Pays-Bas, *la Haye*, 1704, 4 vol. in-12. *v. m.*

530 Méthode de lever les Plans et les Cartes de terre et de mer, *Paris*, 1750, in-12. *v. m.*

531 Histoire des Incas, trad. de l'Espagnol, *Paris*, 1744, 2 vol. in-12. *v. m.*

531 **Histoire Abrégée** de la Réformation des Pays Bas , trad. du Holand. de Brandt , *Amst*, 1730 , 3 vol. in-12. *v. m.*

533 Histoire du Prince Eugène , *Amst.* , 1750, 5 vol. in-12. *fi. v. m.*

534 La Fête d s Foux , *v. m.*

535 Lettres Péruviennes, *Paris* , 1753 , 2 volumes in-12. *p. p. v. m..*

536 Œuvres de Clément Marot, *la Haye* , 1700 , 2 vol. in-12. *p. p. v. m.*

537 La Pucelle d'Orléans , *Londres* , in-12. *p. p. v. f. d. s. l.*

538 Théâtre de Fagan , *Paris* , 1760 , 4 vol. in-12. *v. m.*

539 Opérations de Change , par Ruelle , *Lyon* . 1775 , in-8. *bas. m.*

540 Œuvres de Freret, *Paris* , 1792 , 4 vol. in-8. *v. m. f.*

541 Œuvres de Saint-Marc , Didot le jeune , 1781 , 3 vol. in-8. *p. d'Holl.* , *v. ecc. f.*

542 Histoire d'Eléonor de Guyenne , *Paris* , Cussac, 1788 , in-8. *bas.*

543 Histoire d'Elien , trad. du Grec, *Paris* , 1772 , in-8. *v. ecc. f.*

544 Mémoires Historiques sur la Russie , par Manstein , *Lyon*, 1772 , 2 vol. in-8. *fig. v. m.*

545 Défense du Système de Guerre Moderne , par l'Auteur de l'Essai Général de Tactique , *Neuchâtel* , 1779 , 2 vol. in-8. *br.*

546 Grammaire Anglaise, par Flint, *Paris*, 1765, in-8. *v m.*

547 Dictionnaire de Richelet, par Wailly, *Lyon*, 1790, 2 vol. in-8. *bas. m.*

548 Lettres d'un Cultivateur Américain, *Paris*, 1784, 2 vol. in-8. *v. m. f.*

549 Dictionnaire des Proverbes Français, *Paris*, 1748, in-8. *v. m.*

550 Lettres sur l'Italie en 1785, *Paris*, 1788, in-8. *v. m. f.*

551 The Works of William Temple, *London*, 1770, 4 vol. in-8. *v. m.*

552 Giocasta, Tragedia di Lodovico Dolce, *Venezia*, 1758, in-8. *v. m. f.*

553 Orpheii Argonautica, notas adjecit Gesnerus, *Lypsiæ*, 1764, in-8. *v. m.*

554 Bionis et Moschi Idyllia, accedunt Ursini, &c. notæ, *Venetiis*, 1646, in-8. *v. m.*

555 Eutropii Historiæ Romanæ, Notis &c. in usum Delphini, *Londini*, 1716, in-8. *v. m.*

556 Voyage de Vaillant, *Paris*, 1790, 2 volumes in-8. *fig. bas. ecc.*

557 Œuvres de Montesquieu, *Paris*, Bastien, 1788, 5 vol. in-8. *v. ecc. f.*

558 Œuvres de la Harpe, *Paris*, 1778, 8 volumes in-8. *v. f.*

559 Histoire d'Hérodote, trad. du Grec, par l'Archer, *Paris*, 1786, 7 vol. in-8. *v. ecc. f.*

560 **Pharsale de Lucain** , par Marmontel , *Paris* ,
1766 , 2 ,vol. in-8. *v. ecc. f.*

561 Traité Général du Commerce par Ricard, *Amst.* ,
1781 , 2 vol. in-4. *v. m. f.*

562 Voyage au Cap de Bonne-Espérance , par
Sparman , traduit par le Tourneur , *Paris* , 1787,
2 vol. in-4. avec Cartes. *v. ecc. f.*

563 Mémoires de Frédéric Henri , Prince d'O-
range , *Amst.* , 1783, in-4. *v. m.*

564 Jone's , Persian Grammar , *London* , 1775 ,
in-4. *v. m.*

565 Xenophontis Ephesii, Ephesiaceorum libri V ,
de Amoribus Anthiæ et Abrocomæ , cum latinâ
interpretatione, *Londini* , 1726 , in-4. *v. f. f.*

566 Bibliothéque Françaisæ de la Croix du Maine ,
Paris , 1772 , 6 vol. in-4 *c. d. bz.*

567 Opere di Trissino , *Verona* , 1729 , 2 vol. en
un , in-4. *v. m.*

568 Lucretius de rerum natura , typis Baskerville ,
1772 , in-4. *m.*

569 Geographia plenior , Cellarius collegit , *Can-
tabrigiæ*, 1702 , 2 vol. in-4. *v. m.*

570 Flori Epitome , notis , in usum Delphini , *Parisiis* , Barbou , 1726 , in-4. *v. m.*

571 Historia de la conquistâ de Mexico , *Brusselas* ,
1704, in-fol. *br. cart.*

572 Capitularia regum Francorum , auctore Ba-
luzio, *Parisiis* , 1780 , 2 vol. in-fol. *g p. v. m.*

— Corpus Juris Romani , 1740 , 2 vol. in-fol.

573 La Gerusalemme liberata di Torquato Tasso , con le figure , di Piazzetta , *Venezia* , 1745 , in-fol. *g. p. v. f. f.*

574 Histoire de Diodore de Sicile , par Terrasson , *Paris* , 1737 , 7 vol. in-12. *bas. m.*

575 Essais de Michel de Montaigne , *Paris*, Bastien 1793 , 3 vol. in-8. *v. ecc.*

576 Œuvres de Fontenelle , *Paris* Bastien , 1790 , 8 vol. in-8. *v. ecc. f.*

577 Œuvres de Regnard , *Paris* , Maradan , 1790 , 4 vol. in-8. *g. p. v. m. f.*

578 Cours Complet d'Agriculture , par Rozier , *Paris* , 1791 , 8 vol. in-4. *bas. ecc. f.*

579 Voyage d'Anacharsis, *Paris* , de Bure , 1788 , 5 vol. in-4. y compris l'Atlas. *v. ecc. f. d. s. t.*

580 Histoire Philosophique et Politique, par Raynal, *Genéve*, 1780 , 10 vol. in-8. et Atlas. *v. m.*

581 Œuvres de J. J. Rousseau , *Neuchâtel* , 1794 , 35 vol. in-8. y compris le supplément. *v. ecc. f.*

582 Opere del Pietro Metastasio , *Parigi* , 1780 , 12 vol. in-4. *v. f. f.*

583 Histoire Naturelle , générale et particulière , par Buffon et d'Aubenton , *Paris* , 1769 et ann. suivantes , 58 vol. in-12. *v. m.*

584 Académie des Sciences, depuis son établissement en 1666 jusqu'en 1699, 15 vol, in-4. 1700 à 1787 90

vol. in-4. y compris les vol. de 1718 et les deux de 1712. — Elémens de la Géométrie, 1 vol. — L'Aurore Boréale, 1 vol. — Cabinet de Grollier, 1 vol. — Machines, 7 vol. — Tables, 9 vol. — Scavans Etrangers, 11 vol., le tout relié en v. f., de diverses parures, en tout 135 vol. in-4. v. f.

585 Encyclopédie, par ordre de Matières, 56 livraisons in-4. brochés. *avec la quit. de souscription.*

Amours de Daphnis et Chloé, grec et latin, *Paris*, 1754, in-4. *p. p. m. v.* La Henriade. 1770, 2 vol. in-8. *fig. v. f. d. s. t.* Fables de la Fontaine, 4 vol. in-f. *g. pap. ecc. fill. d. s. t.* Description de la Chine, par le P. du Halde, *Paris*, 1735, cartes et fig. Dictionnaire de Trevoux, *Paris*, 1771 8 vol. in-fol. Dictionnaire de Moreri, 1732, et supplément de 1749. L'Encyclopédie, édition de Paris, 1765, et années suivantes, 35 vol. in-fol. Les Œuvres morales de Plutarque, 1581. Bibliothéque des Jeunes Négocians.

Et autres livres que le peu de tems n'a pas permis de détailler.

De l'Imprimerie de BOULARD, rue Roch, N°. 159.